Les Titres par Janvier Chouteu-Chando

The Usurper: et autres histoires
Agent Triple, Double Croix
Les Disciples de Fortune
L'Union Moujik
Le Flash du Soleil
L'Appel de Fortune
Le Maître de Fortune
Les enfants de Fortune
Les Ours de Norilsk
La Fille sur le Sentier
La Légende du Feu et de la Glace
La plus douce folie
Les Grand-mères
L'Incendie de la Faim
Moi avant Eux
Le Père et les Fils
Les Médecins
Les Teintes Sombres
Liens Fatidique
Le Verdict de l'Hadès
Le Procès de Sa Majesté
La Folie de Ngoko
L'Usurpateur
Le Dot
Je suis Détesté
Le Lourdaud

Titres Non-Fiction par Janvier Chouteu-Chando

LEUR DERNIÈRE POSITION: Pourquoi la Victoire…de Donald Trump..
UN ENGAGEMENT CASSÉ:Pourquoi.. une Victoire pour Donald Trump
LE EFFET DU CANARIE DANS UN MINE DE CHARBON:...Assassinats…
Cameroun: Le Système de Marionnettes Dysfonctionnel de la France…
Le Cameroun: Le Cœur Hanté de l'Afrique

Les Nouveaux Titres de Janvier Chouteu-Chando

Le Faucon Blanc
La Dérive à la Maison
Les Amis Mortels

Pourquoi le Cameroun a Besoin d'un Changement Fondamental: et d'Autres

TISI BOOKS

NEW YORK, RALEIGH, LONDON, AMSTERDAM

Pourquoi le Cameroun a Besoin d'un
Changement Fondamental: et d'Autres
Copyright © 2018 by Janvier Tchouteu

ISBN-13: 978-1-9830-5707-6
ISBN-10: 1-9830-5707-X

PUBLIÉ PAR TISI BOOKS
www.tisibooks.com

NEW YORK, RALEIGH, LONDRES, AMSTERDAM

Imprimé aux États-Unis d'Amérique

REMERCIEMENTS

Les mots spéciaux d'appréciation à mes pères Joseph N. Chando et Samuel F. Tchwenko.

DÉDICACE

Le livre est dédié à tous les dirigeants emblématiques et légendaires dont le but était de servir l'humanité et de faire progresser le bien-être de l'humanité, en particulier ceux qui ont été tués dans leurs missions historiques par les forces perverses de ce monde.

Les Citations

« Nous trouvons qu'à présent la race humaine est divisée en un homme sage, neuf fripons, et quatre-vingt-dix imbéciles sur cent. C'est, par un observateur optimiste. Les neuf coquins se rassemblent sous la bannière des plus vulgaires d'entre eux et deviennent des «politiciens»; le sage se démarque, parce qu'il sait qu'il est désespérément en infériorité numérique, et se consacre ainsi à la poésie, aux mathématiques ou à la philosophie; tandis que les quatre-vingt-dix imbéciles se marchent sous les bannières des neuf méchants, selon l'imagination, dans les labyrinthes de la chicane, de la méchanceté et de la guerre. C'est bon d'avoir la commande, Sancho Panza a observe, même sur un troupeau de moutons, et c'est pourquoi les politiciens élèvent leurs bannières. C'est d'ailleurs la même chose pour le mouton quelle que soit la bannière. Si c'est la démocratie, alors les neuf fripons deviendront membres du parlement; si le fascisme, ils deviendront des chefs de parti; si le communisme, les commissaires. Rien ne sera différent, sauf le nom. Les fous seront toujours des imbéciles, les fripons encore des chefs, les résultats encore exploités. Quant au sage, son sort sera le même sous n'importe quelle idéologie. Sous la démocratie, il sera encouragé à mourir de faim dans une mansarde, sous le fascisme, il sera mis dans un camp de concentration, sous le communisme, il sera liquidé. »

T.H. blanc

« Le Cameroun n'est pas une terre d'esclaves qu'aucun homme ne peut libérer.»

Janvier Janvier Chouteu-Chando

"Chaque grande cause commence comme un mouvement, devient une affaire, et finit par dégénérer en un racket."
Eric Hoffer

«Cependant, les partis politiques peuvent parfois répondre à des fins populaires, ils sont susceptibles, au fil du temps et des choses, de devenir de puissants moteurs grâce auxquels des hommes rusés, ambitieux et sans scrupules pourront subvertir le pouvoir du peuple et usurper pour eux-mêmes les rênes du gouvernement, détruisant par la suite les moteurs mêmes qui les ont portés à la domination injuste. »
George Washington

« Vous voyez ces dictateurs sur leurs piédestaux, entourés par les baïonnettes de leurs soldats et les matraques de leur police... mais dans leur cœur il y a une peur inexprimée. Ils ont peur des mots et des pensées: les mots prononcés à l'étranger, les pensées qui bougent chez eux - d'autant plus puissantes parce qu'elles sont interdites - les terrifient. Une petite souris de pensée apparaît dans la pièce, et même les potentats les plus puissants sont plongés dans la panique.»
Winston S. Churchill

« Nous ne sommes pas impliqués dans cette lutte seulement parce que nous pensons que nous allons démanteler ce système dans la durée de notre vie. Nous espérons que le Cameroun changera demain. Mais si ce n'est pas le cas, nous serons heureux de savoir que nous avons rendu le terrain fertile pour la prochaine génération qui mettra fin à la pourriture dans ce pays et puis établir le CAMEROUN NOUVEAU.»
Dr. Samuel F. Tchwenko, ex-UPCist et le chef 'idéologue du SDF historique de 1990-2002

« Ces divisions, que les puissances coloniales ont toujours exploitées pour mieux nous dominer, ont joué un rôle important - et jouent encore ce rôle - dans le suicide de l'Afrique. »

Patrice Lumumba

« L'ennemi ce n'est pas celui qui te fait face l'épée à la main mais celui qui est derrière toi poignard dans le dos."

Thomas Sankara

« Nous savons que l'Afrique n'est ni Française, ni Britannique, ni Américaine, ni Russe, qu'elle est Africaine. Nous connaissons les objets de l'Occident. Hier, ils nous ont divisés au niveau d'une tribu, d'un clan et d'un village...Ils veulent créer des blocs antagonistes, des satellites ... »

Patrice Lumumba

« Je ne me suis jamais occupé de voler à bas prix. Je me disais toujours: «En prenant ce vol, j'économisez assez d'argent pour sauver quatre chiens, ou six chats, ou je vais me permettre de faire la différence pour une femme qui sauve des chimpanzés au Cameroun.»

Elayne Boosler

« La plus grande difficulté rencontrée est constituée par l'esprit néo-colonial qu'il y a dans ce pays. Nous avons été colonisés par un pays, la France, qui nous a donné certaines habitudes. Et pour nous, réussir dans la vie, avoir le bonheur, c'est essayer de vivre comme en France, comme le plus riche des français. Si bien que les transformations que nous voulons opérer rencontrent des obstacles, des freins.»

Thomas Sankara

« ... Le monde est béni de temps en temps avec des âmes uniques qui, bien que chargées de leurs croix invisibles, ont toujours la force extraordinaire d'avancer dans la vie et de donner un coup de main aux autres en même temps. Malgré leurs tribulations, la plupart d'entre nous pensent qu'ils vont bien. Même quand le poids de leurs croix devient insupportable, même quand ils se déroulent d'une manière haletante, nous avons encore du mal à comprendre qu'ils se noient. En fait, nous les condamnons même pour ne pas avoir sacrifié plus ... »

Janvier Chouteu-Chando, « Les Disciples de Fortune »

« L'indépendance politique n'a pas de sens si elle ne s'accompagne pas d'un développement économique et social rapide.»

Patrice Lumumba

Contents

LES CARTES

Le Cameroun sur une carte du monde

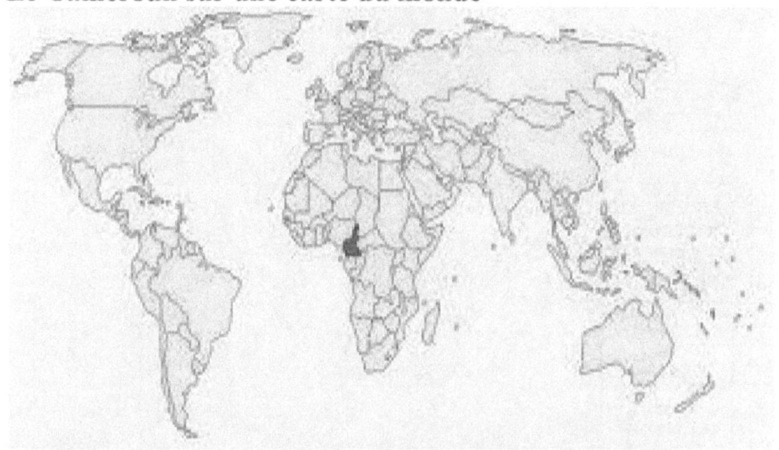

Le Cameroun sur une Carte de l'Afrique

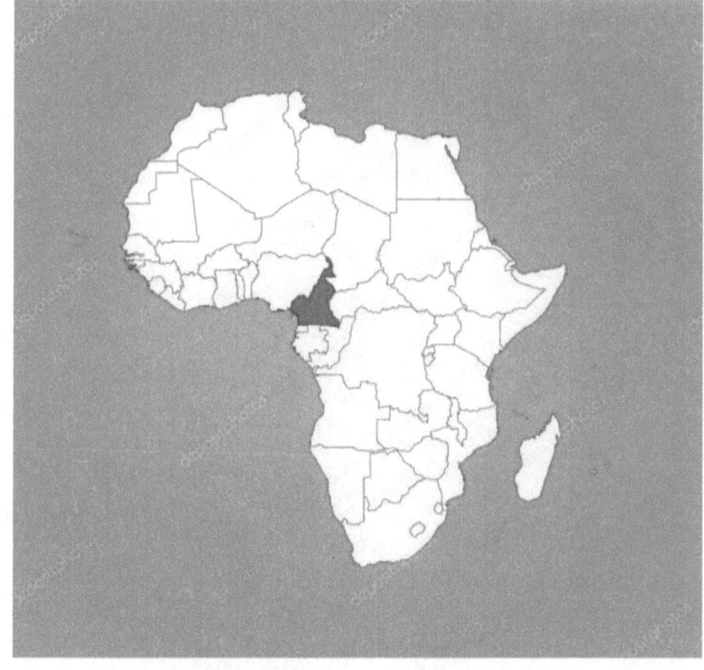

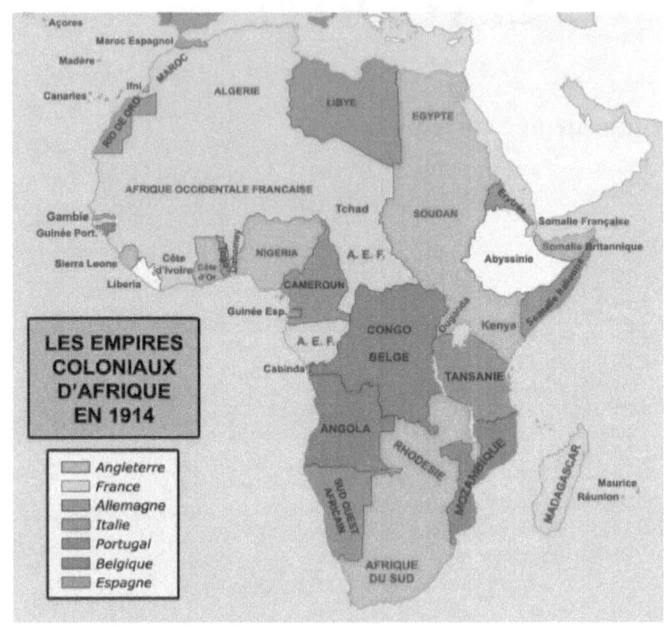

Les Pays D'Afrique

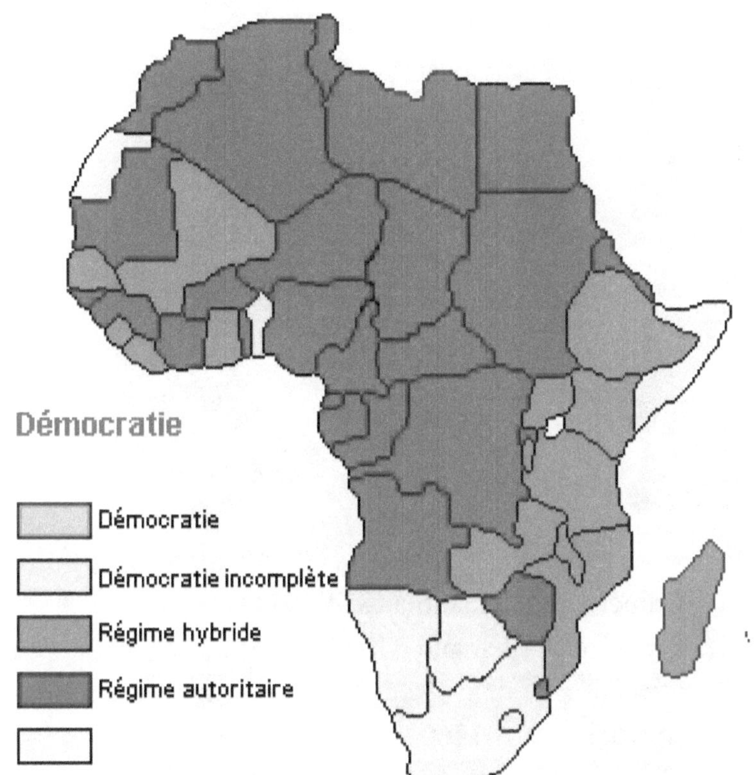

Démocratie
Démocratie
Démocratie incomplète
Régime hybride
Régime autoritaire

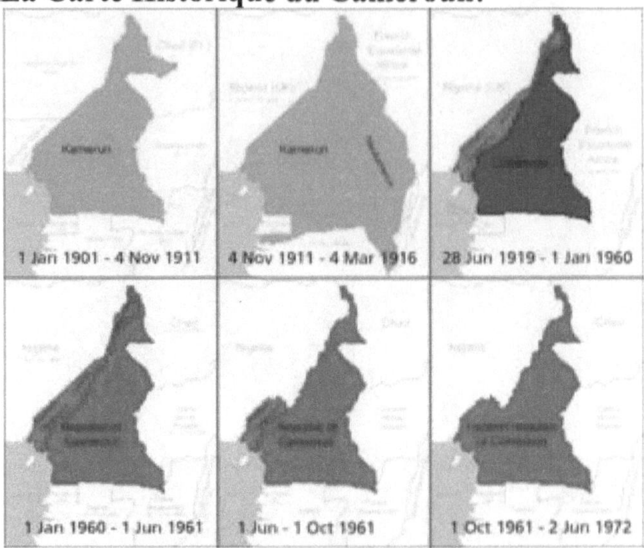

1. Cameroun Allemand (1884-1911)
2. Cameroun Allemand (1911-1916)
3. Cameroun   Britannique   &   Cameroun Français: 1916-1960
4. Cameroun Britannique & La République du Cameroun (1960-61)
5. Southern Cameroun Britanniques & La République du Cameroun (1960-61)
6. Réunifie—La République Fédérale du Cameroun (1961-1972)

Pourquoi le Cameroun a Besoin d'un Changement Fondamental: et Autres

INTRODUCTION

La cause pour le changement que la majorité des peuples Camerounais (les masses qui luttent) poursuivent ne porte pas ses origines du vent de changement (l'appel à une démocratie dynamique au Cameroun) que le Glasnost et la Perestroïka qui ont été initié par Mikhaïl Sergueïevitch Gorbatchev, le leader de l'Union Soviétique ont engendré à travers le monde, un vent de changement qui a secoué ces systèmes politiques qui ne se conformaient pas aux exigences de la civilisation mondiale et du progrès. Nous parlons ici de ces mauvais gouvernements qui ont échoué à placer la liberté et l'indépendance de l'homme, et l'intérêt de l'humanité au-dessus de l'intérêt tordu de la minorité égoïste sans scrupules.

La cause du changement, connue sous le nom de "La Lutte Camerounaise (La Lutte Kamerunaise), a commencé en 1910 sous la direction de Martin Paul Samba (Mebene Mebongo). Les patriotes Camerounais, qui acceptent l'un l'autre, indépendamment de l'ethnie, de la race, de la religion ou de l'origine de leurs compatriotes, reconnaissent que la première phase de la lutte Kamerunaise (Camerounaise) a été vaincue en 1914 par l'armée coloniale

Allemande suite à l'exécution de Martin Paul Samba et Rudolf Duala Manga Bell, les deux nationalistes-civiques les plus importants de la colonie à l'époque. Ils acceptent également le fait qu'en raison de cette défaite, la terre a perdu une force patriotique ou une force nationaliste-civique qui est unifiant, pour assurer l'unité de Kamerun pendant et après la Première Guerre Mondiale (la Grande Guerre), un vide qui a joué contre le peuple Kamerunaise lorsque les puissances coloniales victorieuses (la France et la Grande-Bretagne) ont divisé le Kamerun après la guerre, la colonie qu'ils ont conquis d'Allemagne.

La léthargie qui suivit la première défaite de la lutte Kamerunaise et la partition du Kamerun Allemand d'avant 1911 en le Cameroun Français et en les Cameroons Britannique (Le Cameroun du Nord Britannique—*British Northern Cameroons* et Le Cameroun du Sud Britannique—*British Southern Cameroons*) dura trente ans, soit l'équivalent d'une génération, avant que les peuples de l'ancienne colonie Allemagne divisés ont ravivé leur conscience nationale. Cette fois-ci, la relance des objectifs originels de la lutte Kamerunaise—l'indépendance, la liberté, la justice, le développement, l'unité, la paix, la démocratie, la liberté, le progrès, la coopération internationale et la fraternité internationale—a été réalisée avec un objectif supplémentaire de réunir un peuple qui, sans faute de leur part, avait été séparé l'un de l'autre pour été séparés afin de satisfaire les intérêts de la Grande-Bretagne, de la France et des autres puissances étrangères.

La tâche de réunir les Kamerunaises signifiait aussi atténuer les conséquences de la partition et mettre la terre et ses habitants sur le chemin pour réaliser le but originel de la lutte Kamerunaise incarnée dans les mots «LE REVE KAMERUNAISE» (LE RÊVE CAMEROUNAIS). Cette deuxième phase de la lutte Camerounais dominée par la quête de la réunification du Cameroun Britannique et du Cameroun Français a été menée par l'UPC (Union des Populations du Cameroun), un parti politique légal né au Cameroun Français le 11 Avril 1948. L'UPC et ses partis politiques affiliés commandaient plus de 90% du soutien des Camerounais éduqués au Cameroun Français et au Cameroun Britannique et bénéficiaient du soutien ouvert ou tacite de plus de 80% des Camerounais dans les deux territoires avant les autorités Françaises vindicatives et craintives ont interdit l'UPC le 13 Juillet 1955, un décision qui a été soutenu deux ans plus tard par les autorités Britanniques dans les Cameroons Britannique quand les autorités là ont également interdit l'UPC en 1958. Avec l'élimination de la scène politique du parti qui était le mouvement le plus dominant de la terre et qui était le meilleur reflet des aspirations du peuple Camerounais, Les conditions de réunification et d'indépendance des terres de l'ancien Kamerun Allemand (le Cameroons Britannique et le Cameroun Français) étaient dans une situation difficile.

Le fait que, après son interdiction, l'UPC n'ait pas eu d'autre choix pour mener librement "les masses Camerounaises" dans la lutte à leurs aspirations, le fait que les puissances coloniales percevaient l'UPC comme un obstacle dans leur conception et leur influence sur l'ancien Kamerun Allemand, et le fait que ses membres étaient traqués et tués, l'UPC est finalement arrivé à la conclusion qu'il n'avait pas d'autre choix que de recourir à la voie de la résistance armée. La décision douloureuse qui a conduit à plus de dix ans de résistance armée a énormément contribué à l'évolution politique des territoires de l'ancien Kamerun Allemand et à la réunification partielle de ces territoires (Cameroun du Sud Britannique et Cameroun Français), mais elle s'est soldée par la mort de plus d'un demi-million de Camerounais (10% de la population), et il est arrivé avec la perte du Cameroun du Nord Britannique au Nigéria. Oui, la cause qui a motivé la réunification et l'indépendance du Cameroun a abouti à la réunification du Cameroun du Sud Britannique et la République du Cameroun (l'ancien Cameroun Français) en 1961, suite aux résultats du plébiscite au Cameroons du Sud Britannique (*British Southern Cameroons*), mais le prix que le peuple ont payé était très élevé—Les Camerounais ont été témoins du premier cas de crimes contre l'humanité commis par l'armée Française au Cameroun Français et par la régime fantoche que la France a mis en place après avoir fait du Cameroun Français un membre de l'Organisation des Nations Unies le 1er Janvier 1960 en lui accordant l'indépendance dans un processus qui a effectivement fait du territoire une possession néocoloniale de la France.

L'assassinat de Ruben Um Nyobe (le chef de l'UPC) le 13 Septembre 1958 par les forces Françaises; l'empoisonnement de son successeur Félix-Roland Moumié à Genève en Octobre 1960 par William Bechtel, un agent des services secrets Français; et l'exécution du troisième chef historique de l'UPC Ernest Ouandié, le 15 Janvier 1971, après en Août 1970 il s'être livré aux forces du régime d'Ahmadou Ahidjo, qui était installé par la France; marque la deuxième défaite de la lutte, l'enracinement réussi du système imposé par la France sous le régime de la marionnette Française Ahmadou Ahidjo (le premier président Camerounais), et une nouvelle réalité d'une pseudo-indépendance pour apaiser les peines et les émotions des Camerounais patriotes, qui dans leur majorité sont les masses qui luttent. Le système considérait la stratégie comme un moyen efficace de neutraliser le civisme-nationalisme populaire, un union-nationalisme très particulier que on appelé aussi le, qui est considéré comme un idéal avancé qui rassemble des peuples divers dans un continent infesté par les divisions ethnies, religieuses et raciales. La stratégie de la carotte et du bâton consistant à réprimer, a intimider, a donner des cadeaux, a extorquer, et a corrompre que les dirigeants politiques Français sous l'égide de FrancAfrique (la relation spéciale de la France avec ses anciennes colonies et territoires africains établis avant de leur accorder l'indépendance) a soutenu le gouvernement d'Ahmadou Ahidjo, et soutient le régime usurpateur du successeur d'Ahidjo, Paul Biya, depuis qu'il a reçu le pouvoir d'Ahmadou Ahidjo en 1982.

Cette défaite de la deuxième phase de la lutte Camerounaise après la réunification du Cameroun a conduit à une seconde léthargie politique qui a même miné le caractère démocratique de l'ancien Cameroun Britannique dans un processus d'assujettissement qui a gardé le peuple Camerounais dynamique docile ou politiquement subjugué pendant deux décennies.

Aujourd'hui, nous sommes dans la troisième et

apparemment ou certainement la dernière phase de la lutte Camerounaise pour réaliser le Rêve Kamerunaise du "CAMEROUN NOUVEAU".

C'est flagrant pour tout le monde le fait que les masses Camerounaises qui luttent se sont débarrassés de leur léthargie politique; que leur détermination à réaliser les objectifs de la lutte Camerounaise (Camerounaise) vieille de huit décennies est clairement et résolument remise en question ou résistée par le statu quo ou le régime de président Paul Biya et ses bailleurs de fonds externes (la configuration politique Française sur l'Afrique autrement connue comme FrancAfrique) qui ont bénéficié de l'installation de la mafia appelée le système Camerounais, est quelque chose que le monde connaît. Mais les partisans du changement au Cameroun savent que se débarrasser du système anachronique imposé par la France est le seul recours qui permettrait aux Camerounais de construire "Le Nouveau Cameroun" qui impliquerait les Camerounais de tous les groupes ethniques et religieux, de tous les groupes affiliations politiques, et de toutes les régions et races dans le processus de construction de la nation. Les Camerounais savent que se débarrasser du système est la première étape de la réconciliation du Cameroun et des Camerounais.

Dans le pouvoir depuis 1982, c'est le dictateur absent de l'Afrique Paul Biya, qui a été fait le successeur de son prédécesseur Ahmadou Ahidjo par un ordre de l'ancienne présidente Française Françoise Mitterrand; un Ahidjo, lui-même qui était porté au pouvoir par les Français pour usurper les aspirations des Camerounais dans leur lutte de libération menée par l'UPC que la France a interdite en

1955, un parti politique avec plus de 80% des intellectuels du pays et encore plus de soutien national. La France avait assuré le pouvoir d'Ahidjo en décimant sa base de soutien dans une guerre de 12 ans contre le parti et en tuant tous les dirigeants de l'UPC (Un Nyobe 1958, Félix Moumié à Genève 1960, Ossende Ofana 1966, Ernest Ouandié 1971 etc.), par ce moyen laissant au Cameroun une nation hantée par une «lutte de libération inachevée». Aujourd'hui, les Camerounais ne cherchent pas seulement à se débarrasser de l'autocratie du dictateur Biya, ils essaient aussi de se débarrasser du système imposé par la France que ses gardiens veulent poursuivre avec quelqu'un d'autre après le départ de Paul Biya.

Chapitre Un

Le Cameroun est dans ses dernières étapes de déclin. Il n'y a aucune perspective de sortir de sa maladie mortelle en utilisant les ressources humaines et matérielles que le système anachronique actuel peut mobiliser à moins que le système ne soit fondamentalement changé ou renversé et qu'un système réformé ou un système nouveau est mis en place. Le premier aspect du changement prescrit des réformes radicales tandis que le deuxième aspect du changement exige une révolution. Le premier aspect appelle le remplacement de la plupart de nos structures et valeurs anciennes et inapplicables par de nouvelles, tandis que le second rejette tous les aspects du système anachronique et de ses valeurs et demande leur remplacement total, complet et universel par de nouveaux.

La différence entre les deux aspects du changement réside uniquement dans le degré de remplacement. Cependant, les idéaux et les actions réformatrices et révolutionnaires sont destinés à résoudre les problèmes socio-économiques et politiques qui affligent l'Etat Camerounais en remettant en cause le statu quo et ses formulations.

Afin de défier le statu quo, les partisans du changement devraient être soutenus par une étude attentive afin de déterminer si le degré de désintégration du système vieux de six décennies nécessiterait des mesures réformatrices ou révolutionnaires. Eh bien, le Cameroun est assez pourri comme indiqué ci-dessous:

1) La pourriture du Cameroun est enveloppée dans les injustices dont les insuffisances résultantes hante maintenant nos vies quotidiennes. Ces injustices sont dans les domaines économique, social, ethnique et politique :

- Economiquement, le Cameroun a été réduit à une nation mendiante; la fierté de ses citoyens est dénigrée, leurs rêves ont été déçus et leurs espoirs faits pour ressembler à des illusions. Oui, nous sommes des mendiants malgré nos fabuleux potentiels humains et matériels. Bien que n'ayant jamais été vraiment riche, nos normes économiques assez considérables qui se sont distinguées pendant la domination coloniale Allemande, qui ont été illustrées dans les années 1950 et rendues remarquables entre 1974 et 1984 (malgré toutes les contraintes du système et son régime fantoche d'Ahmadou Ahidjo), ont été considérablement réduit, nous plongeant dans la pauvreté abjecte. La pauvreté est si profonde que la grande majorité des Camerounais a perdu confiance dans le système, dans l'enthousiasme de s'engager dans des projets à long terme pour sortir de leurs misères, et dans la dignité qui convient à un peuple progressiste avec un sens du but. Le système actuel a rendu extrêmement difficile pour les jeunes qui sont travailleurs et intelligents de s'élever à leur potentiel, à moins qu'ils ne compromettent leur honneur en vendant leurs âmes pour les faveurs que les gardiens du système s'échangent, une opportunité que seule une décimale a le privilège d'être exposé à. La planification gouvernementale (stratégique et tactique) est si irréaliste, chaotique, floue et dépourvue de mécanismes de suivi qu'ils ont tendance à détruire et à déprimer, au lieu de construire et de construire une résolution. Il y a une discrimination flagrante des fonctionnaires aux échelons supérieurs du système qui enlisent les affaires et les efforts constructifs des masses qui luttent dans leur vie quotidienne parce qu'ils sont de la pensée politique opposée, de la groupe ethnique ou du tribu indésirable, de la croyance religieuse différente, de la groupement social détesté ou du région menaçant, ou il est de l'entité linguistique stéréotypée; simplement parce que ces gardiens du système croient que ces Camerounais éclairés menacent le statu quo. Nos ressources matérielles sont exploitées de façon irrationnelle et arbitraire sans un développement effectif de la terre et sans l'amélioration de la vie des Camerounais. Malgré les vastes ressources agricoles, minérales, énergétiques et autres ressources naturelles du Cameroun, nous n'avons pas réussi à construire la base d'une nation industrielle, de sorte que les produits primaires sont les seules choses que nous exportons aujourd'hui. La classe politique et commerciale pro-Française et ses collaborateurs sont seuls responsables de ce viol de la nation

Camerounaise. Jusqu'à présent, les perspectives d'une reprise économique demeurent nulles car le système anachronique ne veut pas relâcher le contrôle mis en place par ses seigneurs, les néo-colonialistes Français, les bureaucrates corrompus, les élites politiques antipatriotiques et la classe affaires qui connaissent ou se soucient peu de la situation économique du Cameroun. réalité. Le seul moyen pour l'économie Camerounaise de se remettre sur pied et d'emprunter la voie d'un avenir progressiste passe par une montée de la confiance des entreprises. Cette confiance ne peut être établie qu'après avoir débarrassé la nation de tous les aspects des insuffisances économiques du système anachronique. Une telle tâche révolutionnaire nécessite une transformation économique rationnelle orientée vers la croissance économique, la transparence, une atténuation des effets du chômage et un engagement à impliquer tous les Camerounais dans le processus de construction de la nation.

- Sur la scène sociale, notre Cameroun, que nous tenons si chèrement au cœur, n'a pas non plus été épargné par la décadence. L'éducation, qui est censée être le droit de chaque enfant, a été reléguée au point d'être abandonnée par le régime de Paul Biya et le système anachronique que la France a impose sur le Cameroun. C'est pourquoi aujourd'hui, la majorité de nos enfants sont peu éduqués dans un système scolaire qui n'est pas orienté vers le développement et le professionnalisme rationnel. Notre système d'éducation est en retard sur l'infrastructure, l'équipement, les connaissances, les compétences et l'expérience. Le coût de l'éducation d'un enfant s'est élevé bien au-dessus des moyens du Camerounais moyen en raison de l'attitude nonchalante du gouvernement envers l'octroi de subventions aux écoles. Aujourd'hui, les livres et autres matériels didactiques sont rares, indisponibles ou trop chers. La majorité de nos enseignants sont peu formés, et ils sont à la traîne de leurs homologues ailleurs dans le monde en ce qui concerne les connaissances et les compétences. Le résultat indésirable a été le taux d'alphabétisation en baisse constante au Cameroun et la baisse de la compétitivité de nos diplômés. Pendant ce temps, les enfants de l'oligarchie et les collaborateurs du système poursuivent leur éducation à l'étranger. Ils reviennent souvent en tant que suzerains sans expérience de travail à l'étranger, mais avec le professionnalisme de voler d'une manière plus douce.

- Aujourd'hui, à peine une demi-décennie après le début du prochain millénaire, la grande majorité des Camerounais vivent toujours dans la saleté et dans la misère. Des bons logements, des installations médicales disponibles et d'autres infrastructures sociales sont rares, ayant été relégués au bas de la liste des priorités du gouvernement. L'urbanisme est devenu si chaotique. Même les nécessités fondamentaux comme l'eau et l'électricité sont insuffisamment fournie malgré nos vastes potentiels dans ces ressources. Dans les villes et les cités en particulier, le peuple Camerounais autrefois noble est contraint de vivre aux côtés de dépotoirs non traités, de rats géants, de cafards et d'autres vermines. L'assainissement du pays est tombé en dessous du niveau de pré-indépendance. Même son réseau de transport et ses autres infrastructures sont une parodie pour un peuple considéré comme imaginatif, dynamique et fier. Ces rétrogressions témoignent du fait que le pays a pris du retard par rapport aux autres nations depuis l'indépendance. Dans le monde des services avancés et de la communication, le système insensé a fait en sorte que le pays traîne pathétiquement derrière le temps, alors même que d'autres gouvernements du monde adoptent rapidement le progrès technologique. Cela ne dérange pas le régime Biya que les Camerounais vivent dans la misère parce qu'il s'est détaché de la réalité Camerounaise générale et s'est taillé un cocon de richesse pour lui et sa clique mafieuse.

- Le leadership sur les forces qui devraient donner au Cameroun sa force (le peuple) a été sapé par la discrimination incitée par le gouvernement. Le clanisme, le tribalisme, l'ethnocentrisme, le régionalisme et les autres formes de division sont souvent enflammés sur des groupes qui sont contre le système (en tant que boucs émissaires) afin de dissiper le mécontentement dirigé contre le gouvernement et le système. Les résultats regrettable de ces actes ont été la méfiance ouverte et latente qui a causé la rupture de la coopération entre les forces qui sont censées travailler ensemble pour réaliser nos potentiels. Si c'est vrai que les régimes d'Ahidjo et d'Biya ont favorisé certains groupes sociaux, en particulier leurs groupes ethniques, aucun reproche de complicité ne devrait être adressé à un groupe ethnique ou un groupe linguistique, car des collaborateurs du système ont été élevés dans pratiquement tous les groupes au Cameroun.

2) Les conséquences inévitables des injustices économiques, sociales et ethniques sont la mauvaise gestion qui caractérise aujourd'hui la maladie chronique du Cameroun. En raison du fait que les politiques économiques du gouvernement ne favorisent essentiellement qu'une petite minorité d'individus, de groupes ethniques et de régions; les vastes potentiels de la majorité et défavorisés sont soit cruellement exploités, soit inexploités et/ou négligés. Le résultat regrettable est que ces groupes qui constituent la majorité et défavorisés produisent sans un développement correspondant dans leurs vies et l'environnement autour duquel ils opèrent. Cette situation prévaut tandis que la minorité favorisée nage dans

la splendeur, dans l'abondance, dans l'arrogance et dans la mauvaise gestion. Le résultat visible est l'utilisation inefficace de nos ressources par la surexploitation, sans les développements ultérieurs nécessaires dans la construction et la restauration. La conséquence de cette politique mal ciblée est le syndrome de désorientation, de désillusion, de découragement et de désespoir qui a profondément dévasté les rangs des forces créatives et progressistes du pays. Le fait que ces forces progressives aient été empêchées de participer à la gestion des affaires économiques, sociales et politiques du pays ouvre une phase de conflit dans notre développement—c'est-à-dire comment amener la coopération harmonieuse entre un nouveau establishment politique/pouvoir politique et la majorité du secteur économique dont les dirigeants d'entreprises de haut niveau veulent réaliser un Cameroun développé et progressiste? Malheureusement, pour le Cameroun, la majorité qui constitue les forces créatives et progressistes est trop hébétée dans son incapacité à monter une forte opposition ou résistance au système, tandis que la minorité qui constitue les gardiens du système sont si vocales et si agressives malgré leurs piètres résultats de l'incompétence, de la mauvaise gestion, de l'irresponsabilité, de la corruption, de la bouffonnerie, de la répression, du gaspillage et de la mauvaise utilisation de nos ressources. Si nous ne nous débarrassons pas du problème de gestion en utilisant les idéaux de notre union-nationalisme, il n'y aura jamais de correction des injustices qui persistent dans nos vies sociales, économiques et interethniques. Pour que cela se réalise, nous devons nous débarrasser du système anachronique que la France a impose sur le Cameroun en 1960, maintenant et rapidement.

3) La mauvaise gestion au Cameroun et les injustices qui prévalent découlent de sa structure politique anachronique. Au début du XXe siècle (1910), les premiers nationalistes Camerounais dirigés par Martin Paul Samba (Mebenga Mebono) et Rudolf Duala Manga Bell ont perçu que tout en s'efforçant de rendre Kamerun indépendant de l'Allemagne - son maître colonial à l'époque - afin que La terre pourrait exister dans le cadre de la coopération internationale, Kamerun bénéficierait davantage si les ressources humaines et matérielles vastes de la terre étaient rationnellement exploitées et développées par les meilleures combinaisons de coopération interne et externe. Malheureusement, l'administration coloniale Allemande s'est opposée à cette nouvelle force. Ils ont exécuté ses dirigeants, une époque triste dans notre nationalisme qui l'a rendu dormant pendant des décennies, de sorte que même après la défaite des Allemands, il n'y avait pas de force nationaliste pour défendre la terre contre la partition par les Britanniques et les Français. Au lieu de l'indépendance que les premiers nationalistes Camerounais s'efforçaient d'atteindre, la terre et le noble peuple Kamerunaise devinrent sujets subordonnés à la place des Britanniques et des Français en 1918. Cependant, trois décennies plus tard, le nationalisme Camerounais renaissait. Cependant, il renaît avec le manteau supplémentaire de la réunification des territoires de l'ancien Kamerun Allemand (Cameroun Britannique et Cameroun

Français) et de l'indépendance. Tout en épousant les idéaux de Martin Paul Samba, de Rudolf Manga Bell et des autres nationalistes dès 1946, les union-nationalistes Camerounais décrièrent la règle de division, répressive, oppressive, rétrograde et exploiteuse de ses maîtres (L'Angleterre et la France), en particulier la France et exigeaient la réunification et indépendance du Cameroun Britannique et du Cameroun Français. Malheureusement, les nouveaux maîtres, en particulier la France, n'ont pas tenu compte d'une demande aussi bien intentionnée et authentique de la part de la majorité des Camerounais. L'UPC (Union des Populations du Cameroun) qui était à l'avant-garde de cette nationalisme-civique renaissant s'est soudainement retrouvée étiquetée comme une parti communiste et comme l'ennemie de la France, de la Grande-Bretagne et du monde occidental. Utilisant l'oppression gratuite, les Français ont interdit l'UPC, et puis ils ont massacré, marginalisé, intimidé, corrompu et banni les véritables union-nationalistes au sein de l'UPC. A la place des union-nationalistes et de leurs idéaux initiaux, ils ont placé le régime fantoche sous Ahidjo Ahmadou à la tête du Cameroun Français par une quasi-indépendance et une réunification avec les Cameroons Britannique—une véritable usurpation qui hante le Cameroun aujourd'hui.

Les expériences des dernières années ont prouvé que la majorité des Camerounais ont toujours rejeté le système et les régimes d' Ahmadou Ahidjo et de Paul Biya que le système a créés. Ahidjo et Biya n'ont pas réussi à proposer des idées ou des programmes alternatifs sur la manière de gérer nos ressources matérielles et humaines afin d'éliminer les injustices dont souffre le Cameroun. Au lieu de cela, ils ont montré leur détermination à continuer de défendre le système anachronique parce qu'il sert leur intérêt à le faire. Le régime actuel soutenu par la France s'appuie fortement sur les forces armées stéréotypées et les services secrets de la nation, tout comme son prédécesseur. Il n'a pas été moins enthousiaste à l'idée d'utiliser la force pour réprimer toute forme de protestation, en particulier la quête d'une véritable démocratie, liberté, justice et développement. Les diverses méthodes d'intimidation, de corruption, de truquage des élections et de chantage qui se sont avérées efficaces dans d'autres endroits pour vaincre les partisans du changement ont été utilisées au Cameroun parallèlement à la force. Complètement détachée du peuple et de la réalité Camerounaise, la structure politique actuelle, créée par la France comme une pouvoir néocoloniale, donne au président des pouvoirs illimités, tout en conservant le pouvoir et la prise de décision à tous les niveaux avec le président et ses proches collaborateurs. Les résultats du fonctionnement du système et de ses structures sont tous négatifs, avec la corruption ayant été élevée sous la forme d'un art et la fausseté étant devenue les *modus operandi* du régime de marionnette Française Paul Biya. Les répercussions de ces valeurs négatives sont la chute pathétiquement profonde de nos normes et l'érosion de notre espoir et de notre dignité. Pourtant, cela ne dérange pas le régime de Biya que la nature désespérée du statu quo a révélé la nature irréalisable du système et de ses structures.

Les leviers de la machinerie oppressive de ce système empêchent toute l'adoption ou l'acceptation de contre-mesures aux politiques du régime, les mesures qui peuvent rajeunir la nation. C'est pourquoi le pouvoir politique actuel du Cameroun (le système) doit être totalement, complètement et irrévocablement réformé si nous devons trouver une solution aux problèmes de mauvaise gestion et d'injustices.

4) Une chute angoissante de nos valeurs humaines fondamentales est le résultat déprimant des politiques anti-peuple et la gouvernance du système depuis plus d'un demi-siècle maintenant. La chute est aussi la conséquence d'une mauvaise gestion dont les conséquences sont les injustices économiques, sociales et ethniques qui hantent aujourd'hui la nation Camerounaise. La moralité et l'humanitarisme, qui sont censés être la pierre angulaire de l'ordre, de la réputation, de la légalité et même de la vertu de toute nation prospère, n'ont aucune place dans les rouages du système anachronique que la France a imposé au Cameroun, et le régime de Paul Biya qui le gère en tant que gardien. Il y a une rupture dans les valeurs familiales progressistes—une augmentation du taux de prostitution, de l'ivresse, de l'abus de drogues, de la délinquance juvénile et de la criminalité violente. La malhonnêteté et le banditisme sont devenus un fléau dans notre vie quotidienne. La religion a perdu sa valeur originelle aux yeux des Camerounais. Nous avons plutôt mis en place le concept individualiste et égocentrique de «Chaque Homme Prend Soin de son Propre Ventre», un concept qui incarne la corruption, la discrimination et les

malhonnêtetés qui nous hantent aujourd'hui. Pour l'instant, des préparatifs et des actions concrètes doivent être entreprises pour restaurer l'honneur, la dignité et les valeurs progressistes de nos traditions. Notre nouvelle philosophie devrait promouvoir un dialogue, une coopération et une critique constructifs. Notre littérature, notre histoire et d'autres domaines de l'art doivent refléter des valeurs Camerounaises progressistes qui embrasse tout, comme notre union-nationalisme, tout en prenant des précautions pour intégrer uniquement les valeurs étrangères qui sont compatibles avec la réalité Camerounaise. La culture, la culture qui donne à une nation son identité particulière, est en train de mourir au Cameroun. Avec des liens avec pratiquement tous les différents groupes culturels et familles linguistiques en Afrique, le Cameroun mérite d'être le champion de la culture africaine. Malgré ce fait, nous observons aujourd'hui que notre éducation, nos programmes sociaux, notre information, notre culture et notre communication découragent le développement de nos cultures. C'est inacceptable.

L'idée de l'évolution du Cameroun telle qu'elle est expérimentée par le système impose par la France qui est sous la direction de Paul Biya n'a rien de progressif à offrir. Le régime n'a apporté la conformité que dans les mauvaises valeurs de la malhonnêteté, de la corruption, de la déloyauté, de la paresse, de la discrimination et de la docilité. Il a échoué à rechercher, à exploiter et à travailler sur des considérations individuelles et collectives qui, si rassemblées, constituent la vision Camerounaise. Le système obsolète actuel nous contraint au pointe de découragement et ca constitue un formidable obstacle au développement des potentiels individuels et collectifs. C'est presque éradiquer l'auto-identité pour être remplacée par une conformité basée sur la résignation, la malhonnêteté, la corruption et la brutalité.

Ce n'est que grâce à une nouvelle valeur soigneusement pensée, une qui réalise le meilleur de nos potentiels créatifs et de développement et qui prône un changement fondamental du système anachronique, que notre nation potentiellement grande peut être sauvée. Cette nouvelle valeur devrait être capable de créer une nouvelle culture qui incarne les cultures progressistes Camerounaises. Ce devrait être une culture qui aiderait à la formulation d'une structure politique progressiste où les pouvoirs émanant de ses leviers seraient capables de répondre aux idées progressistes et aux espoirs et aux rêves du peuple Camerounais. Ce n'est que par le biais de cette structure politique et de pouvoir reconstituée et idéalement progressiste que ce sera possible de gérer efficacement nos ressources humaines et matérielles tout en tenant compte des réalités Camerounaises et mondiales. En conséquence, les injustices économiques, politiques, sociales et ethniques qui prévalent en raison de la mauvaise gestion (abus de pouvoir politique, culture irréaliste et conformité imposée) seraient correctement combattues.

Aujourd'hui, les forces qui se présentent comme le meilleur défenseur du changement fondamental sont les union-nationalistes Camerounaise (les Kamerunistes). On les trouve dans certains partis politiques, dans certains organisations religieux, dans certains groupes sociaux, et aussi en tant qu'individus. Cependant, pour réaliser le changement fondamental, nos Kamerunistes, nos jeunes et nos vieux, seraient dirigés par les représentants avancés — la force testée.

Janvier Tchouteu   4 Avril 1995

Epilogue: 06 Septembre 2010:

Pour une nation dont les investissements des citoyens dans d' autres pays africains plus que tripler les investissements qu'ils font à la maison; pour un pays   avec seulement environ vingt pour cent de ses médecins à la maison (plus de 30% en France et   20% aux Etats - Unis) et qui dispose d' un des plus élevés   ou peut - être le pourcentage le plus élevé de diplômés en   Afrique vis-à-vis de son population; Le Cameroun est un pays qui a été pris en otage sans sens de l'orientation, le Cameroun est un pays pris en otage par un système anachronique qui était imposé et est soutenu par la France. Le Cameroun de Paul Biya est complètement détaché de la réalité au point où il accuse les Etats-Unis d'Amérique de violations des droits de l'homme lorsque l'oppression et répression du régime et   son usurpateur chef de l'Etat Paul Biya qui a été au pouvoir pendant trente cinq ans, est connu pour changer la constitution en toute impunité. En fait, le régime de Paul Biya a conçu les machines de gréement des élection la plus efficace dans le monde.

Chapitre Deux

Un spectre se dessine dans la vie de tous les enfants Camerounais—les homme ou les femme. C'est le président qui vit dans le pays au milieu de l'Afrique, la terre qui est souvent décrit comme le microcosme du continent. Le spectre, c'est président Paul Biya du Cameroun. Lorsque des rumeurs se répandent comme une traînée de poudre en Juin 2004 qu'il venait de mourir, il y avait des scènes de liesse répandues dans tout le demi-million de kilomètres carrés du territoire appelée Le Cameroun. Quelques jours après, il est rentré de l'étranger où il avait passé par intermittence environ six mois chaque année depuis plus de deux décennies, et il a ensuite déclaré aux sycophantes attendant de le recevoir à l'aéroport qu'il y aurait un... "Rendez-vous dans 20 ans avec ceux qui me veulent mort..."

Les Camerounais ne sont pas les seuls qui lui ont mécru lorsqu'il a fait cette déclaration, entre autres choses. Beaucoup de ceux qui suivent les développements politiques dans le monde en général et en Afrique et au Cameroun en particulier, étaient étonnés de son audace. Après tout, plus de 80% de la population Camerounaise détestait son règne; il était déjà au pouvoir depuis plus de deux décennies comme le chef de l'État, après avoir été premier ministre du pays (1972-1982), ou comme la deuxième personne la plus puissante dans le système mis en place par la marionnettiste (La France). Mais Paul Biya a prouvé que tout le monde n'était pas correct de leur avis de lui. Il réalisera une autre mascarade électorale et se déclara vainqueur des élections présidentielles en Octobre de 2004, et puis il a modifié la constitution du Cameroun en 2008, pour lui permettrait de briguer a deux autres mandats présidentiels de 7 ans (malgré la mort de 150 Camerounaises—qui ont proteste et qui ont été tuer, une tragédie causée par ses forces des armes), ce qui signifie qu'il pourrait être président jusqu'à l'année 2025 (un record de 43 années au pouvoir) quand il serait âgé de 92 ans. Au moment que Biya a tenu une autre mascarade appelée élection présidentielle en Octobre 2011, il avait déjà humilié avec succès les chefs de l'opposition qui sont reconnus au niveau international (les soi-disant leaders de l'opposition sont tous les anciens membres du parti unique du pays de 1972 à 1990, une partie que Paul Biya a dirigé depuis 1984), a promis de leur donner des positions dans son gouvernement, et il a fait savoir en termes clairs que le système et le marionnettiste (France) ne permettraient jamais un changement politique au Cameroun.

Le vieux de 81 ans, Paul Biya, est diversement décrite comme le Maradona (il simule et remporte les élections, tout comme Maradona a truqué et a marqué un but avec sa "Main de Dieu ") de la politique Camerounais et Africains, le maître de la parricide présidentielle (il dévorait son prédécesseur qui a remis le pouvoir à lui— menant a l'exile du premier président Camerounais Ahmadou Ahidjo, le conduisant à sa mort et son enterrement à l'étranger (le Sénégal), le président absent, le président vindicatif, le président mal, etcetera, etcetera.

Pendant son histoire comme une colonie Allemande depuis 1884-1916, le Kamerun a été considéré comme une « Perle d'Afrique » pour son économie robuste et le taux d'alphabétisation le plus élevé dans le continent. Malgré la période d'instabilité au cours de la guerre de libération qui a pris fin quand les maîtres de tutelle (la France)ont remet le pouvoir à ceux qui n'ont jamais demandé et n'ont jamais se sont battus pour le pouvoir (les marionnettes qui constituent le système impose sur le Cameroun, malgré la récupération de son agriculture et la découverte du pétrole dans les années 1970 qui a aidé le Cameroun à émerger comme le huitième plus grande économie de l'Afrique et la deuxième en croissance la plus rapide du monde au début des années 1980, le Cameroun est aujourd'hui dans une forme horrible. Les économistes s'attendaient l'économie Camerounais à croître vingt fois au cours des trente prochaines années, mais l'économie n'a pas réussi à doubler. Tout a changé après Paul Biya a été remis le pouvoir en Novembre 1982 par le premier président Français installé Ahmadou Ahidjo. Depuis lors, le Cameroun a connu le plus grand détournement des fonds publics (proportionnellement) à un rythme qui n'a jamais été vu en Afrique. En fait, le Cameroun de Paul Biya détient le record en tant que le pays en Afrique qui a connu le pire appauvrissement en temps de paix depuis 1960.

Aujourd'hui, Paul Biya est à la tête d'un pays où plus de 80% de ses médecins sont à l'étranger, où plus de 90 % de ses titulaires de doctorat sont à l'étranger, où les Camerounais investissent à l'étranger plus que chez lui, où les Camerounais votent contre le système avec leurs pieds; aujourd'hui, les voisins du Cameroun qui, auparavant, enviaient le pays en raison de ses niveaux de vie élevés et donc ont considéré le Cameroun comme un lieu de refuge et de possibilités, trouveraient maintenant que les Camerounais les envieraient car ils vont de l'avant avec un sens de l'orientation alors que le Cameroun est en retard dans sa spirale vers une déclin économique, sociale et politique qui est totale, complète et terrible.

Les gens qui sont peu familières avec la situation Camerounaise se demanderont pourquoi une telle situation catastrophique persiste au Cameroun. Eh bien; la réponse est simple. Le Cameroun se trouve aujourd'hui dans une situation comme quelqu'un dans un sable mouvant en raison du système anachronique mis en place par la France Gaulliste lorsque le général Charles De Gaulle est revenu au pouvoir en 1958 et a décidé de transformer les anciennes colonies et territoires de la France en membres de l'Organisation des Nations Unies (ONU de la France), tout dans le but de contrôler ces terres avec des cordes transparentes ou invisibles cette fois-ci. Le Cameroun Français et le Cameroons Britannique du Sud ont apparemment obtenu leur indépendance et la réunification, mais les gens ont trouvé que le nouveau pays est quasi-indépendant sous un modèle Français de contrôle diversement décrite comme la FrançAfrique. Le système a traumatisé, démoralisé, divisé et déshumanisé le peuple Camerounais au fil des ans.

Le système Gaulliste en place au Cameroun a été mis par les architectes de la politique Française en Afrique pour exclure les nationalistes qui militent pour la réunification et l'indépendance des territoires divisés de l'ex-Kamerun Allemand, du pouvoir politique. Donc, les union-nationalistes qui commandaient le soutien de plus de 80% de la population des deux territoires des anciens Cameroun Français et les Cameroons Britannique ont été mis sur la touche dans la pose de la fondation du Cameroun. C'est pourquoi le système est un partenariat d'intérêt impérial Français en Afrique (économique et politique) autrement connu comme la FrancAfrique et ses collaborateurs Camerounais (les renégats et les antinationalistes qui n'ont jamais été opposé et qui n'ont jamais remis en question mainmise néocoloniale du Cameroun par la France).

Le système a été efficace en infectant les esprits de beaucoup de Camerounais; le système à réduire les Camerounais à un état de désespoir et les attire de diriger leur énergie non pas au régime Biya et le système, mais à leurs voisins. Le système a élevé avec succès la corruption et la stratégie de "diviser pour régner" en un art—le system a promu la notion de colons et indigènes; le system a encouragé l'ethnocentrisme, le tribalisme, le clanisme, le chauvinisme régional, le sectarisme et d'autres formes de division. Nous voyons une absence totale et complète de la planification stratégique ou même tactique quand il s'agit de développement économique et social de la nation. Nous voyons une absence totale de solidarité sociale.

Pour aggraver la division et la confusion parmi les gens qui rejettent le régime de Paul Biya et le système imposé par la France, les soi-disant leaders de l'opposition que les Camerounais qui aiment la liberté avaient regardé comme leurs saveurs, ont été absorbée dans le système, laissant ainsi le peuple Camerounais en difficulté afin qu'ils se méfient des politiciens maintenant. Nous voyons aujourd'hui que le RDPC / le régime de Biya et la soi-disant opposition sont les deux faces d'une même pièce (le système que la France a imposé au Cameroun autrement appelé l'establishment politique Camerounais). En ce moment, les Camerounais piétinés sont dans un état de léthargie politique.

Lorsque Paul Biya a fait un appel pour la tenue d'élections sénatoriales en Avril 2013, dix-huit ans après son parlement a promulgué une loi pour créer le sénat; la plupart des Camerounais pensé que ce serait une autre mascarade, comme d'habitude. Il n'y avait aucune raison pour que les soi-disant partis de l'opposition avec un semblant de représentation au parlement pour glorifier la mascarade avec leur participation. La plupart des Camerounais connaissaient que le système soutenait financièrement ces soi-disant dirigeants de l'opposition et que certains d'entre eux étaient dans le gouvernement, mais les Camerounais n'ont pas été préparés pour la mesure dans laquelle ces politiciens étaient prêts à aller à insulter leur intelligence. Mais des accords entre le parti au pouvoir et l'opposition ont été faits. La mascarade électorale a eu lieu et les gens ont vu le parti au pouvoir campagne pour le soi-disant parti d'opposition principal (social-démocrate avant-SDF) dans certaines régions du pays, tandis que le SDF dans les mots de son président John Fru Ndi "... un service en vaut un autre ... ", a ouvertement soutenu le parti au pouvoir, assurant ainsi sa victoire dans d'autres régions du pays.

Comment cela pourrait-il pu se produire?

Les Camerounaises, un peuple qui ont été choqués politiquement se demandent depuis la fornication ouverte entre le parti au pouvoir et les soi-disant partis politiques de l'opposition en Avril 2013.

Pour éviter le chaos et pour assurer que le pays va avoir un successeur de Paul Biya dans une manière lisse ou douce, les porte-paroles et les apologistes sans scrupule du leader du SDF murmurent discrètement. Paul Biya a fait un accord avec le SDF de remettre le pouvoir à un de ses membres, des voix anonymes au sein du SDF font écho.

Si vous me demandez, ma réponse est claire. Ce qui devait être une révolution Camerounaise qui a commencé le 26 Mai 1990, est devenu une comédie politique jouée par les anciens membres du système, une comédie politique qui a complété le cercle. Le vent du changement généré par les politiques de Glasnost et de perestroïka de Mikhaïl Gorbatchev qui ont emporté les régimes autoritaires en Europe de l'Est et en Afrique, et qui ont agité la grande majorité des Camerounais dans les années 1990 pour qu'ils aient risqué leur vie dans les rues pour exiger un changement politique, a été effectivement contrôlée par le système. Le désir de changement que plus de 80% des Camerounais avaient, a été détourné par le système autoritaire au Cameroun et les soi-disant dirigeants de l'opposition. Les différents peuples Camerounais ont été pris pour un tour.

La plus grosse erreur commise par les Camerounais, c'est que quand la clameur de changement a commencé, ils ont suivi les Camerounais qui n'avaient pas eu la légitimité politique comme les dissidents ou comme les gens qui étaient contre le système. Les peuple Camerounais ont suivi les gens qui à peine un an avant, étaient dans les échelons supérieurs du pouvoir dans le système, mais qui à l'époque ont affirmé qu'ils avaient quitté le parti au pouvoir et que maintenant ils opposent le système. Tous les soi-disant chefs de ce que le monde sait aujourd'hui comme les partis d'opposition proéminent au Cameroun (John Fru Ndi du SDF, Bello Bouba Maïgari de l'UNDP, NdamNjoya de l'UDC, etc.) étaient membres du parti au pouvoir jusqu'à l'année 1990, lorsque le système a été contraint d'accepter le multipartisme au Cameroun. Comme le joueur de flûte, ces soi-disant dirigeants de l'opposition au Cameroun ont attirés les peuple Camerounais vers la léthargie politique et vers le découragement. Un tel exploit a été réalisé parce que les Camerounais libéraux, les -nationalistes, les révolutionnaires, les démocrates et les patriotes qui avaient toujours rejeté le système, pensaient que ces soi-disant chefs de la nouvelle opposition, ces gens qui ont été les premiers à faire les mouvements de créer des partis politiques, partagé la vision du «Cameroun Nouveau " que les Camerounais se sont battus, sont morts et ont voté pour, une vision qui a réalisé la réunification et l'indépendance de la plupart de l'ancien Kamerun Allemande   (une indépendance qui n'a jamais été réel car il s'est usurpé par le système mal qui est aujourd'hui sous la direction de Paul Biya et ses marionnettistes Français). Malgré le revers, cette vision réalisera la démocratie, la liberté, le libéralisme, le progrès, la justice, l'égalité et le développement.

Fausses sont les déclarations des membres de l'opposition compromisé que si ils n'avaient pas ouvertement embrassé le régime de Paul Biya et le système, ce serait le chaos au Cameroun au cas où Biya quitté la scène politique. La déclaration est fausse parce que le système au Cameroun est autoritaire, pas autocratique.

Les régimes autoritaires sont généralement recouverts avec une idée sublime qui pourrait être politique (comme Stalinisme/Marxisme/Communisme, fascisme etc.) ou qui pourrait être religieux (comme la théocratie Iranien et la règne de Taliban théocratie etc.) ou il pourrait d'un dispositif d'intérêt (FrancAfrique). Au Cameroun, le système est construit autour de la prévention de ceux qui croient en la lutte Camerounais (les union-nationalistes, autrement dit les Kamerunistes) de atteindre le pouvoir. Le système au Cameroun est une collection de groupes d'intérêts particuliers, qui unissent les propagateurs de néo-colonialisme Français et leurs collaborateurs Camerounaises. Paul Biya est à la tête des collaborationnistes. Et à bien des égards, il a agi au fil des ans comme un président absent. Pendant ce temps, l'état a fonctionné d'une manière d'un zombie pendant sa quasi-présence. Bien que l'agencement mortifiant convient les intérêts des marionnettistes et des bénéficiaires du système, l'arrangement a exposé le système à des soulèvements populaires parce que, ça signifie que les bénéficiaires du système ne sont pas clairement ou fonctionnellement organisé. Avec l'avènement des médias sociaux, la mondialisation, la maturité des générations post-indépendance qui n'a jamais bénéficié du système; et avec les soldats de la phase de la lutte des années 1990 qui se dissocient des dirigeants de la soi-disant opposition, le système autoritaire se trouve aujourd'hui encore plus vulnérables. Le système autoritaire serait confronté par une nouvelle force politique qui ne s'est jamais associé au système, une nouvelle force politique qui incarne l'esprit du vingtième siècle de la lutte pour "DIE NEUARTIG KAMERUN" ou "LE CAMEROUN NOUVEAU" qui a confronté le contrôle colonial d'Allemand pendant les premières années du siècle dernier, une lutte qui a confronte la duplicité Française dans le pays dans une guerre qui a décimé plus de la moitié d'un million des citoyens Camerounais; le système autoritaire serait confronté par une nouvelle force qui embrasse l'héritage de ceux qui ont combattu et ont voté pour l'indépendance et la réunification du Cameroun. Cette nouvelle force rejette toutes les valeurs du système que la France a mit en place pour contrôler le destin de Cameroun, un système vieux et mal de six décennies, qui ne peut que mener le pays en abîme.

Maintenant que les collaborateurs ouverts et cachés du système s'embrassent ouvertement (le parti au pouvoir et les soi-disant chefs des partis dits d'opposition) à partir de la récente mascarade sénatoriale, le système encourage la création de groupes d'élite de bénéficiaires qui voient ou pensent que leur survie politique et économique repose seulement sur la continuation ou la subsistance du système. Nous observons le développement d'un système capable qui supprime toute prétention du pluralisme politique limité; nous observons l'enracinement d'un système qui considère ouvertement les peuples Camerounais comme son ennemi numéro un. Un tel système devient alors autocratique.

En un mot, les soi-disant partis politiques d'opposition du Cameroun qui sont en symbiose avec le système autoritaire sont complices du système impose par la France sur les peuples Camerounaises, dans sa transition progressive vers un système autocratique, assurant ainsi sa survie sous une forme morphée. Ce système qui change rapidement à besoin d'un homme fort pour être vraiment autocratique. Ce serait quelqu'un qui a les mains sur le travail d'agir en tant que président, quelqu'un que les marionnettistes Françaises souhaitent présenter comme le despote bienveillant.

C'est la responsabilité de Camerounais des générations des 'après-indépendance' à rejeter quelle que soit la farce que le système présentera comme le changement n'importe quand le pouvoir de l'Etat passera à la génération d'après Paul Biya. En absorbant les anciens membres de son parti qui, depuis des décennies, se sont identifiées avec l'opposition, Paul Biya tente de donner aux peuples Camerounais et le reste du monde l'impression que l'opposition du Cameroun est en harmonie avec sa vision de l'évolution politique nécessaire pour le Cameroun. Malheureusement, le système n'a pas l'intention de laisser la majorité des Camerounais pour participer ou d'avoir un mot à dire sur l'évolution politique du Cameroun.

Le Cameroun Nouveau sera fondé. Pas par les bénéficiaires du système (passé et présent), mais par ceux qui ont toujours rejeté la mafia politique Camerounais comme un mauvais système imposé par la France qui a été conduit Cameroun en abîme.

Mais alors, à la fondation du Cameroun Nouveau, les Camerounais patriotique, impartial, honnêtes, progressistes et démocratiques, auraient à réconcilier un pays où:

- Le système impose par la France a fait en sorte que la plupart de ses figures historiques qui ont consacré leur vie et qui sont même morts pour la cause de la réunification et l'indépendance du Cameroun ont été tués et enterrés comme des chiens,

- Les corps de certains de ces personnages historiques qui s'est enterrés à l'étranger sont absents,

- Quelques-uns des personnages historiques qui ont pensé qu'ils pourraient contribuer à la consolidation de la nation ont été mis à l'écart, intimidé et humilié par le système,

- Son premier chef d'État est mort et est enterré à l'étranger,

- Et où les gens ont été insultés pendant plus de cinq décennies par les régimes d'Ahmadou Ahidjo et de Paul Biya en utilisant un système imposé par la France, un système rejeté par la grande majorité des Camerounais, un système qui a semé les graines de la division, de la corruption, de la médiocrité, de la peur et du découragement qui hantent le Cameroun aujourd'hui.

Les idéaux du Cameroun Nouveau qui ont été ourdi par les nationalistes historiques du pays et au fil des ans par les Kamerunistes (les union-nationalistes) post- indépendance sont la seule chance ou espoir pour l'avenir du Cameroun. Le Cameroun Nouveau est le seul noyau autour duquel le Cameroun peut se réconcilier avec son passé turbulent; c'est le noyau que toutes les couches de la société Camerounaise peuvent se connecter dans le processus de construction de la nation; c'est le seul noyau autour duquel un Cameroun libre, démocratique, libérale, juste et prospère peut-être construit. Le Cameroun Nouveau conduirait le pays à prendre sa place méritée dans la région de l'Afrique Centrale, l'Afrique dans son ensemble et le monde en général. Cela ne serait possible que si nous limitons l'héritage des régimes d'Ahmadou Ahidjo et de Paul Biya qui incarnent le système suffocant que la France a imposé sur le Cameroun. Pour réaliser ce but, on doit jeter le système à la poubelle de l'histoire.

Janvier Tchouteu   06/04/2013

Glossaire

Adamaoua	La province (région) la plus méridionale qui a été taillé dans l'ancienne province (région) du Grand Nord. C'est une région de plateau.
Akonolinga	Une ville dans la province (région) du Centre. C'est également la capitale de la Nyong et Nfomou.
Akum	Un Peuplement Ngemba 9 miles de Bamenda sur la route Bafoussam-Bamenda. C'est aussi un royaume Ngemba traditionnel et le dialecte des gens là-bas.
Ambam	Une ville dans la province (région) du Sud. C'est le capital de subdivision du département de Ntem.
Ashia	Mot utilisé par les Camerounais à

exprimer la sympathie, la condoléance, la consolation, l'encouragement, la compassion, l'harmonie, la compréhension, l'accord, la reconnaissance et la prudence.

Bafang   La capitale du département de Haut-Nkam et un royaume Bamiléké dans la province (région) de l'Ouest.

Bafaw   Le principal groupe ethnique dans la région qui comprend la municipalité de Kumba. Il fait partie du groupe bantou plus.

Bafedja   Un Peuplement et Un royaume Bamiléké dans le département de Nde ou le département de Banganté, la province (région) de l'Ouest.

Bafoussam   La capitale de la province (région) de l'Ouest et du département de Mifi. Aussi un royaume traditionnel Bamiléké.

Bafut   Un Peuplement et royaume Ngemba traditionnel à environ de 18 miles de Bamenda dans la province (région) du Nord-Ouest.

Bakweri	Le principal groupe ethnique du département de Fako, qui est situé dans la province (région) du Sud-ouest. Les Bakweriens sont des Bantous du sous-groupe Sawabantu.
Balengou	Un Peuplement Bamiléké et royaume du département de Nde, province (région) de l'Ouest.
Bali	Un Peuplement Chamba et royaume à environ de 18 miles au nord de Bamenda, dans la province (région) du Nord-Ouest.
Bamena	Un Peuplement Bamiléké et royaume du département de Nde, province (région) de l'Ouest.
Bambili	Un Peuplement et royaume Ngemba environ 9 miles au nord de Bamenda dans la province (région) du Nord-Ouest.
Bambui	Un Peuplement Ngemba et royaume à environ 6 miles au nord de Bamenda dans la province (région) du Nord-Ouest.
Bamenda	La capitale de la province (région)

du Nord-Ouest et du département de Mezam.

Bamendjou | Un Peuplement Bamiléké et royaume du département de la Mifi, province (région) de l'Ouest.

Bami (Bamiléké) | Diminutif de Bamiléké.

Bamiléké (Bami) | L'ethnicité semi-bantou le plus peuplé et le principal groupe ethnique au Cameroun. Il est aussi leur langue maternelle.

Bamilekéland (Terre Bamiléké) | La moitié ouest de la province (région) de l'Ouest, avec des franges dans les province (région)s du Nord-Ouest et du Sud-ouest. Il comprend cinq divisions administratives, environ quatre-vingt dix royaumes traditionnels, et onze groupements dialectiques.

Bamoun | Une ethnie semi-Bantous et l'un des groupes principaux ethniques au Cameroun. Aussi leur langue maternelle.

Bamounland (Terre Bamoun) | La moitié est de la province (région) de l'Ouest.

Bandekop

Un Peuplement Bamiléké et royaume dans la Mifi Division, province (région) de l'Ouest.

Banganté

Le plus grand royaume Bamiléké, la capitale du département de Nde, son ancien nom. Trouvé dans la province (région) de l'Ouest.

Bangou

Un Peuplement Bamiléké et royaume du département de Haut-Nkam, province (région) de l'Ouest.

Bangoua

Un Peuplement Bamiléké et royaume du département de Nde, province (région) de l'Ouest.

Bangoulap

Un Peuplement Bamiléké et royaume du département de Nde, province (région) de l'Ouest.

Bantu

Un grand groupe de peuples négroïdes d'Afrique centrale, d'Afrique du Sud et Afrique de l' Est qui habite les forêts du Sud-ouest, du Littoral, du Centre, du Sud et dans les province (région)s de l' Est du Cameroun. Ils sont aussi le plus grand constituant de la race

Négroïde ou Noir.

Bassa	Le principal groupe ethnique dans la province (région) du Littoral. Ils sont les Bantous. On trouve également dans la province (région) du Centre du Cameroun.
Batoufam	Un royaume Bamiléké dans le département de Mifi, province (région) de l'Ouest.
Bawok (Bahouok, Bahouoc)	Un royaume Bamiléké parlant les dialectes Medumba, dans les provinces (régions) de l'Ouest et du Nord-Ouest. Les principaux sont les suivants:

- Bawok-Banganté ou Banganté-Bawok est un royaume traditionnel Bamiléké trouve dans la subdivision de Banganté, Division Nde. Une grande partie du royaume est situé dans la ville de Banganté. Après une série de conflits au début du XXe siècle, elle a perdu la majeure partie de son territoire aux royaume Bamiléké environnants, avec ses sujets qui migrent vers d'autres régions du Cameroun et même fonder de nouveaux royaumes.

- Bawok-Bali ou Bali-Bawok: Emanation du royaume de mère de Bawok-Banganté, fondée en 1907 avec l'aide de royaume amical de Bali-Nyonga. C'est une enclave dans le peuplement de Bali (*Fondom* ou royaume)

Bayangam

Un Peuplement Bamiléké et royaume du département de la Mifi, province (région) de l'Ouest.

Bazou

Un royaume Bamiléké dans le département de Nde, province (région) de l'Ouest.

Beti

Diminutif de Beti-Pahuin. C'est également une subdivision du groupe Beti-Pahuin des langues et se décompose plus loin dans Ewondo, Eton, Bane, Mbida-Mbane et Mvog-Nyenge.

Beti-Pahuin

Diminuted ou raccourci à Beti, ce groupe de peuples apparentés constitue le troisième principal groupe ethnique au Cameroun. La patrie ethnique du peuple Beti-Pahuin est dans les province (région)s du Centre et du Sud, avec des franges et des enclaves dans la province (région) de l'Est. Ils sont de langue Bantoue et comprennent les éléments suivants:

- Beti (Ewondo, Bane, Mbida-Mbane, Mvog-Nyenge et Eton),
- Fang (Fang bonne, Ntumu, Mvae et Okak)
- Bulu (Bulu, Fong, Mvele, Zaman, Yebekanga, Yengono, Yembama, Yelinda, Yesum et Yekebolo).

Les petites tribus ou groupes ethniques Pahuinised par le Beti-Pahuins tels que les Baka, Bamvele, Manguissa, Yekaba, Evuzok, Batchanga (Tsinga), Omvang, peuples Yetude.

Les Beti-Pahuin sont également indigènes en Guinée équatoriale, le Gabon et la République du Congo.

Betiland

Les régions parlant Beti-Pahuin du Cameroun (étend de la moitié sud de la province (région) du Centre, aux parties centrale et orientale de la province (région) du Sud et se prolonger en marge dans la province (région) orientale), Guinée équatoriale (Rio Muni), le Gabon (la moitié nord), la République du Congo (nord-ouest) et São Tomé et Príncipe.

Biafra

L'état de courte durée Ibo dominé qui a fait sécession du Nigeria au cours de la guerre 1966-1970 civile nigériane.

Bota

Une banlieue de Limbe, Fako, Province (région) du Sud - Ouest.

Cameroun Britannique

Le tiers occidental de l'ancien Kamerun Allemand qui est tombé sous le contrôle Britannique après la partition de la colonie Allemande. Ce comprenait Cameroun Britanniques du Nord (Cameroun Septentrional Britannique) et Cameroun Britanniques du Sud.

Boumnyebel

Un village Bassa dans le département de Nyong et Kelle, province (région) du Centre.

Buéa

La capitale ville de la province (région) du Sud-ouest et ancienne capitale du Kamerun Allemand.

Bulu

L'un des peuples du groupe ethnique Beti-Fang avec une patrie dans la province (région) du Sud.

Cameroun Britannique du Nord (Cameroun Septentrional Britannique)

Le Nord de la moitié de Cameroun Britanniques qui a voté pour unir avec le Nigeria en 1961, après le plébiscite controversé des Nations Unies sur le territoire.

Cameroun Britannique du Sud (Cameroun Meridional Britannique)

Le sud de la moitié de Cameroun Britanniques. Fait partie de la Fédération de Cameroun en 1961 suite à un référendum qui a abouti à sa réunification avec l'ancien Cameroun Français. Il comprend les province (région)s du Nord-Ouest et du Sud-ouest du Cameroun.

Cameroun Français

Le deux tiers de l'ancien Kamerun Allemand qui est tombé sous le contrôle des Français après la partition de la colonie Allemande par la Grande-Bretagne et la France. Il est devenu un territoire Français sous mandat de la Société des Nations et un territoire de confiance plus tard sous l'Organisation des Nations Unies 1918-1960.

Pidgin Camerounais	Aussi appelé créole Camerounais ou Kamtok, il est le pidgin Anglais parlé au Cameron. Il y a cinq variantes.
CENER	(*Centre National des Etudes et de Recherche*)—Acronym du service de renseignement secret du Cameroun qui a été modifié en 1984 à *Direction Générale de la Recherche Extérieures* (DGRE) Directrice générale Direction de la recherche externe.
Province (Région) du Centre	Province (région) centrale du Cameroun. C'est constitué de Huit Départements.
CNU (Cameroon National Union) ou (Union Nationale du Cameroun) UNC	Parti formé en 1966 de la fusion des partis politiques opérant au Cameroun. Il a été dirigé par le premier président Camerounais Ahmadou Ahidjo.
CPDM (Cameroon People's Democratic Movement) ou RDPC (Rassemblement Démocratique du	Le CNU (UNC) rebaptisé en 1985.

Peuple Camerounais)

CU (Cameroonian Union) ou (L'Union Camerounaise)

Parti formé par Ahmadou Ahidjo.

Douala

La plus grande ville, la capitale économique du Cameroun et la capitale du département de Wouri et de la province (région) du Littoral.

Duala

Un peuple Bantous du sous-groupe Sawabantu, ils sont le principal groupe ethnique du département de Wouri et de la ville de Douala.

Cameroun de l'Est

L'unité fédérale de langue Française du Cameroun 1961-72. Il a été formé à partir de l'ancien Cameroun Français.

Est— Province (région)

La moitié sud-est du Cameroun. La province (région) de l'Est a quatre divisions avec Bertoua comme capitale.

Eton

L'un des peuples du groupe ethnique Beti-Fang. Il sont trouvé dans la province (région) du Centre.

Ewondo	L'un des peuples du groupe Beti-Fang. Il sont trouvé dans la province (région) du Centre du Cameroun.
L'Extrême-Nord	Une province (région) dans l'extrême nord du Cameroun. Ce comprend six divisions.
Forces Françaises Libres	Ils étaient des combattants Français et Francophones qui ont continué la lutte contre l'axe puissances de l'Allemagne, l'Italie et le Japon, même après la France capitule et a signé un accord d'armistice avec l'Allemagne Nazie en Juin 1940. Il a été formé par le général Charles De Gaulle, qui était un membre de le cabinet Français en visite officielle en Grande-Bretagne au moment de la cession. Général Charles De Gaulle a oppose fermement le capitulation Française et l'armistice signé par le nouveau régime dirigé par le maréchal Pétain qui a créé le régime de Vichy dans le sud de la France, permettant ainsi au nord du pays sous occupation Allemande. Il a appelé la résistance contre le contrôle Allemand de la France et de ses marionnettes collaborationniste

de Vichy. Le mouvement a attiré des recrues principalement de l'empire Français, en particulier de l'Afrique Centrale Française, dont le Cameroun Français était la base à l'époque, sous le nouveau gouverneur de Jacques Philippe LeClerc. Philippe LeClerc a mené la première grande victoire de Forces Françaises Libres dans la guerre avec la capture en 1941 de Koufra, une ville dans la colonie Italienne de la Libye. Il a incorporé les forces de l'ancien régime de Vichy dans les colonies de 1943 et a vu ses rangs gonflés par des Français après le Débarquement du Jour (Débarquement de Normandie). Les Forces Françaises libres ont atteint leur plus grande gloire avec la libération de Paris en Août 1944, dirigé par la 2e division blindée Française, car il avait le plus petit nombre de Noirs dans ses rangs. À la fin de la guerre, le mouvement Libre Français constituait la quatrième force militaire en Europe, la lutte contre les puissances de l'Axe. Les partis politiques de droite en France ont été dominées par ses membres et l'idéologie de son fondateur appelé gaullisme.

Fulfulde (Peul, Pulaar, Pular)
Une langue Sene-Gambienne parlée par les Peuls.

Peul (peul peul, Fellata ou peul)
Un peuple mélangé de négro-touareg peuplant la savane du Soudan à Sene-Gambie, ils comprennent trois groupes à savoir:

1. Les Mbororo, Bororo, Burure ou Abore qui sont des pasteurs.

2. Le Fulanin Gida, Ndoowi'en ou Magida, qui sont totalement sédentaires.

3. Les Peuls semi-sédentaires qui sont en fin de compte agronome et reprennent le pastoralisme, mais souvent forment des communautés permanentes.

Les Foulanis, Peuls ou Peuls sont le deuxième groupe ethnique le plus peuplé au Cameroun. Ils sont trouvé principalement dans les province (région)s du nord de l'Adamaoua, du Nord et de l'Extrême-Nord. Leur langue est la lingua franca de cette partie du Cameroun.

Foumbam	La capitale du département de Noun et de Bamounland. C'est trouvé dans la province (région) de l' Ouest.
Foumbot	Une colonie agricole dans le département de Noun.
Cameroun Français	Le deux tiers de l'ancien Kamerun Allemand qui est tombé sous le contrôle des Français après la partition de la colonie Allemande par la Grande-Bretagne et la France. Il est devenu un territoire Français sous mandat de la Société des Nations et un territoire de confiance plus tard sous l'Organisation des Nations Unies 1918-1960.
FSD (Front Social-Démocrate) ou *SDF (Social Democratic Front)*	Le parti politique connu comme le leader d'opposition au Cameroun. Le FSD est dirigé depuis sa création le 26 Mai 1990 par John Fru Ndi.
Garoua	La capitale de la province (région) du Nord et du département de la Bénoué.

Graffi

Mot pidgin d'origine Allemand pour un champ d'herbe. Un nom souvent appliqué collectivement aux peuples semi-Bantous des province (région)s du Nord-Ouest et de l'Ouest du Cameroun.

Graffiland
(Terre Graffi)

Le mot Camerounais pour les Hauts Plateaux de L'Ouest, ou les Bamenda Grassfields—le région des prairies montagneuses des province (région)s du Nord-Ouest et de l'Ouest du Cameroun. Il comprend la terre Bamiléké (Bamilekéland) et la terre Bamoun (Bamounland) dans le sud et le la terre Ngemba (Ngembaland), la terre Chamba (Chambaland) et la terre Tikar (Tikarland) dans le nord.

Ibo

L'un des quatre groupes principaux ethniques du Nigeria. Ils sont trouvé dans le sud-est.

Idenau

Une ville dans la région de Fako, province (région) du Sud-ouest.

Kamveu

Conseil local des notables entre les différents royaumes bamiléké.

Koufra (Kufra)

Un Peuplement important de l'Oasis

mais isolé dans le sud-est du désert libyen qui était d'une importance stratégique pour la campagne d'Afrique du Nord pendant la Seconde Guerre mondiale. Sa capture des Italiens par les Forces Françaises Libres a marqué la première grande bataille remportée par la France dans la guerre, renforçant ainsi le prestige du général Charles De Gaulle et le moral des forces anti-Vichy qui étaient démoralisés.

Koutaba

Un Peuplement dans le Bamounland, le département de Noun, et le province (région) de l'Ouest. Aussi une base aérienne importante et une base de l'armée au Cameroun.

Kumba

La plus grande ville de la province (région) du Sud-ouest et la capitale du département de Mémé. C'est situé à environ de 70 miles au nord de Limbe.

KNDP (Kamerun National Democratic Party) ou PNDK (Parti National et Démocratique du Kamerun)

Une parti politique des nationaliste-civiques dans le Cameroun Britannique. Il a mené la campagne qui a réalisé la réunification du Cameroun Britanniques du Sud avec l'ancien Cameroun Français.

Limbe	L'ancien Victoria. C'est la capitale de la région de Fako dans la province (région) du Sud-ouest.
Littoral—Province (région)	Le province (région) côtière du Cameroun. Il se compose de quatre divisions.
Loum	Une ville agricole dans le département de Moungo, dans le nord de la province (région) du Littoral.
Maguida (Magida)	Nom utilisé par erreur pour les peuples musulmans du Nord du Cameroun qui a pris naissance du troisième groupe de Peuls—le Fulanin Gida, comprenant les communautés peules pleinement sédentaires.
Mamfe	La capitale du département de Manyu dans la province (région) du Sud - Ouest.
Manjibo	Un village Bamoun dans le département de Noun.

Mankon	Mankon est un royaume Ngemba et une partie de la ville de Bamenda, dans le département de Mezam, la province (région) de Nord-Ouest .
Maroua	La capitale de la Province (région) d' Extrême Nord, et aussi la capitale du département de Diamaré.
Mayo Tsanaga	Un département dans la province (région) de l'Extrême-Nord du Cameroun.
Mayo Tsava	Un département dans la province (région) de l'Extrême-Nord du Cameroun.
Mbengwi	La capitale du département de Momo dans la province (région) du Nord-Ouest.
Mboh	Un peuple Bantous de la Moungo-dans la province (région) du Littoral, avec des franges de leur pays d'origine dans le sud-ouest et province (région)s de l'Ouest.
Mokolo	Capitale du départemênt de Mayo Tsanaga.

Molyko

Une banlieue de Buéa dans la province (région) du Sud-ouest.

Mora

La capitale du département de Mayo Tsava Division.

Mutengene

Une ville de jonction à Limbé, Buéa et Tiko, dans le département de Fako, province (région) du Sud-ouest.

Nde

Autrefois appelé le département de Banganté. Il se trouve dans la province (région) de l'Ouest.

Ngaoundéré

Capitale du département de Vina et de la province (région) de l'Adamaoua.

Ngemba

Un peuple du groupe semi-bantou. Les peuples Ngemba se trouvent dans la moitié nord du Prairie du Cameroun (les Hauts Plateaux de l'Ouest), principalement dans les départements de Mezam et de la province (région) Momo du Nord-Ouest. Les personnes Ngemba dialectes.

Ngembaland

La partie sud-ouest de la province (région) du Nord-Ouest qui se compose

	de plusieurs royaumes traditionnels ou fondoms parlant des dialectes étroitement liés.
Nkongsamba	La capitale de la Moungo du Cameroun. C'est également la plus grande ville de la région.
Nkwen	Un royaume Ngemba traditionnel et une partie de la ville de Bamenda.
Nord—Province (région)	Central des province (région)s du Grand Nord. Il comprend quatre divisions.
Nord-Ouest Province (région)	Une province (région) de l'ancienne unité fédérale du Cameroun occidental et l'ancien territoire du sud de la Colombie Cameroons. Peuplée par des groupes semi-Bantous de haut-parleurs Tikar, Ngemba et Chamba. Leurs compatriotes de la province (région) du Sud-ouest appellent collectivement les "Graffis".
Nzui-Mantor	Le mot Banganté-Bamiléké pour la panthère ou léopard.

OK
(One Cameroon) —
Kamerun est Un

Emanation de l'UPC après qu'il a été également interdite dans Cameroons Britannique.

Ouest—Province
(région)

La moitié sud des Hauts Plateaux occidentales du Cameroun. Elle est peuplée par les peuples bamiléké et Bamoun. C'est également centre culturel et agricole du Cameroun, et se souvient de son rôle historique en tant que centre du nationalisme du pays et la lutte de libération contre l'armée Française dans le pays. Il comprend les six divisions de Bamboutous, Menoua, Mifi, Nde, Noun et du Haut-Nkam.

Peul

Un terme Français pour Peuls emprunté à la langue Wolof.

Pidgin Camerounais

Aussi appelé créole Camerounais ou Kamtok, il est le pidgin Anglais parlé au Cameron. Il y a cinq variantes.

RDPC (Rassemblement Démocratique du Peuple Camerounais), appelé *CPDM (Cameroon People's Democratic Movement)*

C'est le parti au pouvoir dans le Cameroun. Son ancien nom (1966-1985) était l'Union Nationale Camerounaise (UNC), formé en 1966 par la fusion des partis politiques au Cameroun. Avant cela, il s'appelait l'UC en Anglais

(Union Camerounaise), l'ancien parti politique fondé par Ahmadou Ahidjo, l'ancien président de la République du Cameroun. Le RDPC/UNC/UC a été le parti au pouvoir depuis le soi-disant 'indépendance du Cameroun en 1960. Paul Biya est le président du parti.

SDF (Social Democratic Front) ou FSD (Front Social-Démocrate)

Le parti politique connu comme le leader d'opposition au Cameroun. Le FSD est dirigé depuis sa création le 26 Mai 1990 par Ni John Fru Ndi.

Semi-Bantous

Les peuples uniques et non apparentés en Afrique, comprenant les peuples Bamiléké, Bamoun, Tikar, Ngemba et Chamba.

Sokolo

Une banlieue de Limbe, Province (région) du Sud-ouest.

Sud—Province (région)

Une province (région) côtière du sud du Cameroun. Il comprend les trois départements de Ntem, Océan, et Dja et Lobo.

Sud-ouest— province (région)

Un province (région) côtière du Cameroun situe dans le sud-ouest du pays. Il dispose de quatre départements. Autrefois une partie de Cameroun Britanniques du Sud et l'unité fédérale du Cameroun Ouest.

Tcholliré	La capitale du département de Rey Bouba dans la province (région) du Nord.
Tiko	Une ville côtière dans le département de Fako dans la province (région) du Sud-ouest.
Tonga	Un Peuplement Bamiléké et royaume du département de Nde, le province (région) de l'Ouest.
Touareg	Un peuple Berbérophones du groupe Amazigh vivant dans le Sahara central du sud de l'Algérie et la Libye, Tripolitaine au milieu Niger et les frontières du nord du Nigeria. Ils se sont déplacés à l'intérieur du désert du Sahara pour échapper à l'invasion Arabe de l'Afrique du Nord au 7ème et 8ème siècle.
UDC (Union Démocratique du Cameroun) ou CDU	Un parti politique au Cameroun fondé par Adamou Ndam Njoya, ancien ministre du régime Ahmadou Ahidjo.

(Cameroon Democratic Union) en Anglais

UNC (Union Nationale du Cameroun) ou CNU (Cameroon National Union)

Parti formé en 1966 de la fusion des partis politiques opérant au Cameroun. Il a été dirigé par le premier président Camerounais Ahmadou Ahidjo.

UNDP (Union Nationale pour la Démocratie et le Progrès) ou *National Union for Democracy and Progress (NUDP)* en Anglais

Un parti politique au Cameroun fondé par Samuel Eboua, ancien ministre du régime Ahmadou Ahidjo. Bello Bouba Maigari, ancien Premier ministre du régime de Biya, a usurpé la direction du parti et en a été le président depuis 1992.

UPC (Union des Populations du Cameroun)

Première partie nationale et nationaliste au Cameroun. L'UPC historique a été formé en 1948. Banni en 1955, elle a eu recours à une lutte armée qui a continué jusqu'aux années 1960.

Victoria

L'ancien nom de Limbe, une ville qui été fondée en 1857 par des missionnaires pour comme un colonie des esclaves secourus ou libérés.

Wolowose

Un mot Camerounais pour une pute.

Wum	La capitale du département de Menchum dans la province (région) du Nord-Ouest.
Yaoundé	deuxième plus grande ville du Cameroun et la capitale nationale. De plus la capitale de la province (région) du Centre et du département de Nfoundi.